Claudia Dirnberger

Hausmittel
für Babys und Kleinkinder

Über die Autorin

Claudia Dirnberger, Jahrgang 1970, ist diplomierte Praktikerin der Traditionellen Europäischen Heilkunde (TEH). Die Mutter von zwei erwachsenen Söhnen führt gemeinsam mit ihrem Mann Hans einen Bio-Bauernhof im Salzburger Seenland.
Biologische Wirtschaftsweise und sorgsamer Umgang mit der Natur sind für sie selbstverständlich.

Die Bio-Naturprodukte und Bücher von Claudia Dirnberger sind direkt in Ihrem Bio-Hofladen in Seeham und im Online-Shop erhältlich:
www.thurerhof.at

Wichtiger Hinweis

Dieses Büchlein handelt von traditionell überlieferten Hausmittel. Sie wurden mit Sorgfalt zusammengestellt und geprüft. Die Anwendungen erfolgen auf Eigenverantwortung. Für eventuelle Folgen der Anwendungen übernehme ich keine Haftung. Einen Arztbesuch ersetzen die Hausmittel freilich nicht.

Hausmittel aus dem eigenen Garten

Eure Nahrungsmittel sollen eure Heilmittel sein und eure Heilmittel sollen eure Nahrungsmittel sein. (Hippokrates)

Hausmittel kommen aus einer Zeit, in der es noch keine Ärzte gab. Die Menschen waren auf Hilfsmittel aus der Natur angewiesen und regelmäßig in Wald und Wiese unterwegs, um nach Zutaten für die hauseigene Apotheke zu suchen. Die für den Hausgebrauch wichtigsten Pflanzen sollten aber immer griffbereit sein. Aus diesem Grund pflanzte man in der Nähe des Hauses jene Kräuter an, die man besonders häufig benötigte (Beinwell, Alant, Holunder, Königskerze, Malve,...). Zum Schutz vor wilden Tieren wurde das bepflanzte Gelände eingezäunt – ein Garten entstand. Je nach Jahreszeit wurde dann gesammelt, geerntet, eingekocht und eingelegt, sodass Mensch und Tier gut durch das Jahr kamen. Früher war es also ganz selbstverständlich, einen Hausgarten anzulegen, Kräuter und Gemüse abzuernten und in weiterer Folge für Heilzwecke zu verwenden.

Einstmals waren die verschiedenen Heilmittel auch noch allgemein bekannt. Sie wurden meist mündlich von Generation zu Generation weitergegeben. Einiges ist dadurch leider in Vergessenheit geraten, vieles hat sich aber bis heute bewahrt. Von jenem bewahrten und bewährten Schatz handelt dieses Buch.

Mein Mann und ich bewirtschaften einen kleinen Bio-Bauernhof in Seeham, wo mein Traum vom Leben und Arbeiten mit und in der Natur seinen Anfang nahm. Es begann alles mit der Geburt meiner beiden Söhne. Dadurch wuchs bei mir das Interesse an gesunder Ernährung und natürlichen Mitteln gegen die kleinen Wehwehchen des Alltags. Der Wunsch, mehr über die Herstellung und Anwendung von Hausmittel zu erfahren, veranlasste mich schließlich dazu, die Ausbildung zur TEH-Praktikerin (TEH = Traditionelle Europäische Heilkunde) zu machen. Im Zuge dieser Ausbildung entwarf ich als kleine Projektarbeit meinen Traum vom Bio-Naturgarten. Mein Mann, den ich mittlerweile mit der Faszination über dieses alte Wissen angesteckt hatte,

setzte mit mir prompt den Traum vom Bio-Naturgarten in die Praxis um: Stolze 8000 m² Fläche mit über 100 verschiedenen Pflanzen. In der darauffolgenden Zeit boten wir erste Kräuterführungen an. Die Früchte und Kräuter aus dem Garten verarbeiten wir mittlerweile zu Tees, Kräutersalzen, Räuchermischungen, Säften, Likören, Pechsalben und alkoholischen Auszügen. Die kleinen mit Liebe hergestellten Unikate verkaufen wir seit 2010 ab Hof und in unserem Online-Shop.
Die hier versammelten Hausmittel sind speziell für Babys und Kleinkinder geeignet. Einfach in der Herstellung und wirksam in der Anwendung, können aber auch Mamas und Papas oder Omas und Opas von der Naturapotheke profitieren. Einen Arztbesuch ersetzen die Hausmittel freilich nicht. Probieren Sie`s einfach aus!

Hinweis: Das Kind während der Anwendungen beobachten, ob das Hausmittel gut verträglich ist. Bei Bädern, Tees und heißen Wickeln vor der Anwendung immer auch die Wärme kontrollieren.

Alles
wird gut!

Ampferblatt

Ampfer ist die Heilpflanze der Zukunft. Heute von den Bauern als lästiges Unkraut angesehen, wurden früher die Samen des Ampfers hoch gehandelt. Im Salzburgischen nennt man den Ampfer „Kuhwurzn“, in Oberösterreich „wilde Ross“. Um die Butter von der Alm bis ins Tal kühl zu halten, wurde sie früher in Ampferblätter gewickelt.

Anwendung

Bei Insektenstichen

Bei Insekten-, Bienen- und Wespenstichen pflückt man ein Blatt, zerreibt es zwischen den Fingern und betupft die Einstichstelle.

Bei Sonnenbrand

Bei Sonnenbrand oder starker Erhitzung legt man zur Kühlung das Blatt auf die betroffene Stelle. Der Nackenbereich ist oftmals starker Sonnenbestrahlung ausgesetzt, da empfiehlt es sich, ein großes Ampferblatt auf die Stelle zu legen. Befestigen kann man es im T-Shirt oder im Body.

Bei Fieber

Anstelle der Essigpatscherl helfen bei Fieber auch Ampferblätter, die man um die Waden des Kindes wickelt.

Apfel

Der Apfel ist der „König der Früchte". Er leistet bei allen Arten von Durchfall gute Dienste. Dafür sind die Pektine im Fruchtfleisch und in der Schale verantwortlich. Sie wirken wie ein Schwamm im Darm, saugen Wasser auf, binden die Giftstoffe und scheiden diese aus. Apfelbrei und gekochtes Apfelmus dürfen als erste Nahrung mit 6 Monaten als Breikost gegessen werden.

Anwendung

Bei Durchfall
Bio-Äpfel mit der Schale in einer Glasreibe reiben. Kerne und Kerngehäuse vorher entfernen.

Verwendung:
Mehrere Portionen über den Tag verteilt zu sich nehmen.

Bei Verstopfung
Die Äpfel werden mit etwas Wasser zu Apfelmus gekocht und püriert.

Bei Eisenmangel
1 Bio-Apfel
5-10 Eisennägel

Täglich einen Apfel mit Eisennägeln aus dem Baumarkt (Wichtig: ausschließlich Eisennägel, Stahl gibt kein Eisen ab und verzinkte Nägel können Giftstoffe absondern) bespicken, nach 24 Stunden die Nägel entfernen und den Apfel essen. Ein Hausmittel für Kinder, die blass und immer müde sind.

Bienenhonig

In Zeiten der zunehmenden Antibiotika-Resistenzen gewinnt Honig heute wieder mehr an Bedeutung. Er hat die Fähigkeit Bakterien auf natürliche Weise einzudämmen; er trocknet sie regelrecht aus.
Bienenhonig enthält wertvolle Mineralien, Spurenelemente und Flavonoide, die sich positiv auf unsere Gesundheit auswirken. Schon Hippokrates wusste um die heilende Wirkung des Honigs.
Aufgrund seiner desinfizierenden und wundheilenden Eigenschaften wurden im Ersten und Zweiten Weltkrieg die Wunden der Soldaten mit Bienenhonig-Umschlägen behandelt.

Wichtig: Kinder unter einem Jahr sollten keinen Bienenhonig essen, da er ein Rohprodukt ist und Keime enthalten kann.

Anwendung

Bei Husten, Pseudokrupp-Husten, Bronchitis, Halsschmerzen, Fieber, Durchfall, zum Einschlafen oder zur allgemeinen Immunstärkung

-Löffelweise pur oder als Brotaufstrich
-Zum Süßen in den Hustentee
-Einfach integriert in den täglichen Speiseplan

Bei kleinen Wunden, Rötungen, eitrigen Ausschlag, Juckreiz oder Windeldermatitis

Bio-Bienenhonig direkt auf die Wunden auftragen, bei Bedarf mit einem Stofftaschentuch oder einer Mullbinde verbinden.

Thymianbad

Am wertvollsten ist der wilde Thymian, „der Quendel". Er wächst gerne auf sonnigen, trockenen Plätzen. Die meiste Kraft besitzt er, wenn man ihn zur Sommersonnenwende erntet, solange noch nicht alle Blüten geöffnet sind. Verwendet wird aber meist der getrocknete Thymian, weil er mehr ätherische Öle besitzt als der frische.

Heilbäder haben den Vorteil, dass sie sowohl für Babys, Kleinkinder, Kinder als auch für Erwachsene geeignet sind.

Anwendung

Bei Schwäche, Appetitlosigkeit, Erkältung und Husten

2-3 TL getrockneter Thymian oder Quendel
½ l Wasser

Den Thymian in einem Topf mit kochendem Wasser übergießen und 10 Minuten lang abgedeckt ziehen lassen, damit die ätherischen Öle nicht entweichen. Jetzt kann man den Tee direkt ins Badewasser abseihen. Die Temperatur des Badewassers sollte 37 Grad Celsius haben. Eine einfache Messmethode: den Arm bis zum Ellbogen ins Badewasser halten; wenn es auf der Innenseite des Arms angenehm warm ist, herrscht die richtige Temperatur. Die Herzregion des Kindes sollte außerhalb des Wassers sein. Nicht länger als 15-20 Minuten lang baden; danach das Kind nicht abtrocknen, sondern in ein schon vorgewärmtes Badetuch oder einen Bademantel einwickeln und im Bett ca. eine Stunde lang nachruhen.

Kartoffelwickel

Die Kartoffel speichert die Wärme über einen längeren Zeitraum. Daher sind Kartoffelwickel so effektiv. Als Bauchwickel helfen sie bei Durchfall und Bauchschmerzen, als Brustwickel bei Husten, als Halswickel bei Mandelentzündungen und als Ohrwickel bei Ohrenschmerzen.

Anwendung

Bei Husten, Ohrenschmerzen, Mandelentzündung, Bauchweh und Durchfall

2-3 Bio-Kartoffeln
Küchenrolle
Baumwolltuch (Geschirrtuch)
Handtuch, ein enges T-Shirt oder Body

Die Kartoffeln mit der Schale weichkochen, auf eine Küchenrolle geben, die Kartoffeln mit der Hand oder einer Gabel zerdrücken und die Küchenrolle auf allen Seiten einschlagen. Jetzt kommt ein Baumwolltuch darüber. Dieses schlägt man auf allen Seiten ein. Zusätzlich kann eine Wärmflasche darauf gelegt werden. Diesen Wickel kann man so lange drauflassen, wie es einem angenehm ist – auch die ganze Nacht über.

Bei Babys kann man den Kartoffelwickel unter einen engen Body legen, bei größeren Kindern wird er noch mit einem Handtuch, das um den Brustkorb geht, befestigt.

Bitte überprüfen Sie die Temperatur - der Wickel kann sehr heiß sein!

Kirschkernkissen

Vom Kirschbaum kennt man in der Regel nur die wohlschmeckenden Früchte. Die Kirsche ist ein Rosengewächs. Man verwendet außer der Frucht auch die Fruchtstiele, das Kirschharz, die Knospen, die Blüten und die Blätter. Bei der Geburt eines Mädchens wurde früher ein Kirschbaum gepflanzt. Für unser Kirschkernkissen benötigen wir die Kerne der Früchte. Die Kirschkerne können Wärme und Kälte gut speichern und sind darum ideal als Wärme- oder als Kälteauflagen geeignet. Das Kirschkernkissen auf den Bauch gelegt, wirkt entkrampfend, entspannend, schmerzstillend und beruhigend. Kirschkernkissen halten die Wärme länger als Wärmflaschen.

Anwendung

Bei Krämpfen, Verspannung und Schmerzen

1-2 Handvoll Kirschkerne
Stoff ca. 10x10 cm Leinen oder
Baumwolle (gewaschen)

Die Kirschkerne gut waschen und trocknen lassen. Den Stoff auf drei Seiten zunähen, die Kerne einfüllen und zunähen. Kirschkernkissen zum Erwärmen auf den Kachelofen bzw. die Heizung legen oder ein paar Minuten bei mittlerer Hitze in das Backrohr.

Achtung: Immer die Hitze des Kissens überprüfen, bevor es aufgelegt wird.

Majoransalbe

Majoran, Wurstkraut oder Kuttelkraut genannt, wächst an einem sonnigen Standort und ist bei uns nur einjährig. Geerntet wird das Kraut von Mai bis August vor dem Aufblühen.
In der Volksmedizin ist die Majoransalbe schon lange bekannt und hilft „Groß und Klein“, wenn man unter Schnupfen, Husten oder an Blähungen leidet.

Anwendung

Bei Blähungen von Babys, Schnupfen, Schleim in Brust oder Nase

1 EL getrocknete Majoranblätter
1 EL Weingeist (95%)
1 EL Butterschmalz (Ghee)

Majoran mörsern, anschließend in ein hitzebeständiges Glas geben. Mit Weingeist übergießen und bedeckt ein paar Stunden lang ziehen lassen. Man schmilzt das Butterschmalz unter ständigem Rühren in einem Wasserbad. Vermischt alle Zutaten und lässt das Gemisch noch etwas ziehen, sodass die Wirkstoffe gut in das Butterschmalz übergehen. Man gießt die Salbenmischung durch einen Filter (Stofftuch) und füllt diese in Salbentiegel. Wenn die Masse ausgekühlt ist, schließt man den Deckel. Im Kühlschrank ist die Salbe ein halbes Jahr lang haltbar.

Auf den Bauch im Uhrzeigersinn massiert, hilft die Majoransalbe, Blähungen bei Babys zu lindern.

Ringelblumenöl

Die Ringelblume wirkt antibakteriell, entzündungshemmend, wundheilend und krampflösend. Geerntet werden die Blütenköpfe gegen Mittag, wenn sie ganz trocken sind, um eine Schimmelbildung im Öl zu vermeiden.

Anwendung

Bei Milchschorf und Warzen

3 Handvoll frische Ringelblumen
Bio-Sonnenblumenöl
Schraubglas

Die Blüten der Ringelblume abzupfen, in das vorbereitete Glas geben und mit Sonnenblumenöl auffüllen, bis die Blüten gut bedeckt sind. Das Glas auf eine helle Fensterbank stellen und täglich gut durchschütteln.
Nach ca. 4-6 Wochen durch ein Stofftuch abseihen und in kleine Flaschen abfüllen. Das Öl kann auch als Grundlage für eine Ringelblumencreme verwendet werden.

Das Öl bei Milchschorf direkt auf die Kopfhaut auftragen und einige Zeit einwirken lassen, am besten über Nacht und morgens mit einem milden Shampoo durchwaschen. Zur allgemeinen Pflege nach Bedarf den Körper damit einölen. Bei Warzen das Öl direkt auftragen, Pflaster draufgeben und einwirken lassen. Je früher man Warzen behandelt, desto schneller sind sie weg.

Schwarzer Johannisbeersaft

Bei den Schwarzen Johannisbeeren verwendet man die jungen Blätter, Knospen und Beeren. Neben den Vitaminen B, C und J, Pektinen, Zellulose sowie Gerbstoffen hat die Schwarze Johannisbeere auch eine natürliche cortisonähnliche Wirkung. Die reifen Früchte können frisch, getrocknet, als Saft, Sirup oder Marmelade zubereitet werden.

Anwendung

Bei Immunschwäche, Erkältungserkrankungen, Durchfall, Keuch- und Krampfhusten sowie Allergien

2 kg Schwarze Johannisbeeren
1l Wasser
800g Bio-Zucker
1 Bio-Zitrone

Johannisbeeren, Wasser und den Saft der Zitrone in einen Topf geben und ca. eine Stunde lang leicht köcheln lassen, anschließend durch ein Baumwolltuch abseihen. Zucker einrühren und nochmals 20-25 Minuten lang köcheln lassen. Noch heiß in Flaschen abfüllen.

TIPP: Meine Kinder bekamen zur Immunstärkung „Schwarzen Johannisbeersaft" täglich heiß aufgegossen zum Frühstück; je jünger das Kind, desto mehr verdünnt.

Zwiebelwickel

Die Zwiebel ist in jedem Haushalt zu finden. Sie wirkt antibiotisch - nicht nur roh oder gekocht, sondern auch als Hausmittel. Bei etwas älteren Kindern hilft Zwiebelhonig bei Erkältungen. Als Wickel hat die Zwiebel eine schmerzstillende, entzündungshemmende und desinfizierende Wirkung. Besonders bewährt sich der Zwiebelwickel bei Ohrenschmerzen.

Anwendung

Bei Ohrenschmerzen und Erkältungen

1 Zwiebel
Stofftaschentuch oder kleine Socken
Topf mit Deckel oder Dampfgarer
Stirnband

Zwiebel klein schneiden und auf das Stofftaschentuch geben. So falten, dass es etwas größer als das Ohr ist. Über Wasserdampf erwärmen (Dampfgarer oder Topf mit Wasser zu 1/4 befüllen, Deckel verkehrt darauf legen und Zwiebelauflagen zum Erwärmen hinein geben), andrücken und aufs Ohr legen, Schafrohwolle darüber geben und mit einem Stirnband oder Haube fixieren.

Verwendung: Ab einem Alter von sechs Monaten kann bei einer Erkältung die warme Zwiebelauflage auf die Fußsohlen gegeben werden, mit einem dicken Socken fixiert und das Kind ins Bett gelegt werden, solange es für das Kind angenehm ist. Vor dem Auflegen des Wickels ist darauf zu achten, dass die Füße warm sind.

Schafwollpolster

Schafwolle vermittelt das Gefühl von Geborgenheit und gibt gleichmäßig wohltuende Wärme ab. Von Heilwolle spricht man, wenn die Wolle nur einmal gewaschen wurde und das heilsame Lanolin (Wollwachs) enthalten ist. Schafwollfelle lieben schon die Neugeborenen, weil diese kuschelige Wärme abgeben.

Ein Schafwollpolster sollte in keinem Haushalt fehlen. Die reine Wolle können Sie Ihrem Liebling bei Bronchitis direkt auf die Brust geben und mit einem Body fixieren. Bei Gliederschmerzen wurden früher Betroffene für ein paar Stunden in die heilsame Wolle eingewickelt. Bei wundem Po gibt man Schafwolle in die Windel, aber bitte darauf achten, dass es zu keinem Hitzestau kommt!

Anwendung

Bei Zahn- oder Ohrenschmerzen, Bronchitis, Gliederschmerzen und bei wundem Po

ca. 150g Schafrohwolle
20x30 cm Leinen oder Baumwollstoff (gewaschen)

Den Stoff waschen und auf drei Seiten zu einem Polster nähen, mit Schafwolle (Heilwolle) füllen und zunähen.

Das Um und Auf bei Zahn- oder Ohrenschmerzen ist der Einsatz eines Schafwollkissens. Hier sollten keine ziehenden Polster (Federpolster) verwendet werden.

Kamillentee & Kamillensitzbad

Mit ihrem unverwechselbaren Duft ist die Echte Kamille ein Kraut für Mütter und Kinder. Sie wirkt entzündungshemmend, wundheilend, beruhigend, krampflösend, antiseptisch, schmerzlindernd und lässt sich inner- und äußerlich anwenden – das Kraut für alle Fälle. In freier Natur ist diese große Heilpflanze leider selten geworden.

Anwendung

Bei Zahnschmerzen (Zahnen), Entzündungen, Krämpfen, Pilzbefall sowie zur Entspannung und Beruhigung

Kamillentee:
2 TL getrocknete Bio-Kamillenblüten
250 ml Wasser

Kamillenblüten mit heißem Wasser übergießen und zudeckt 5-10 Minuten lang ziehen lassen.

Bei zahnenden Kindern hilft ein in Tee getauchtes Stofftaschentuch, das man dem Kind zum Draufbeißen gibt.

Bei Windeldermatitis, Harnwegsinfekten und zur Entspannung

Kamillen Sitzbad:
Es wird ein starker Teeaufguss bereitet: 1/2 Handvoll Kamillenblüten auf 1l Wasser geben und ins Badewasser abseihen.

Johanniskrautöl

Johanniskraut erntet man, wenn die Sonne am höchsten steht, zu Johanni, um die Sommersonnenwende Ende Juni herum. Am einfachsten erkennt man das Echte Johanniskraut daran, dass sich die Blüten rot färben, wenn man sie zerdrückt und an den durchlöcherten Blättern. Vor der Ernte ist darauf zu achten, dass nach einer Regenperiode ein paar vollsonnige Tage folgen sollten, das wirkt sich auf die Qualität und Kraft der Pflanzen aus.

Anwendung

Bei Bettnässen, Dreimonatskoliken, Sonnenbrand, Entzündungen, zur Narbenentstörung, auch als Massageöl zur Entspannung geeignet

1 Marmeladenglas
Johanniskrautblüten und Knospen
Bio-Olivenöl

Man gibt 2/3 frische (gut abgetrocknete) Johanniskrautblüten und Knospen in ein Marmeladenglas und gießt den Inhalt mit einem guten Bio-Olivenöl auf, sodass alle Blüten bedeckt sind. Man stellt es an einen sonnigen und warmen Platz und schüttelt es täglich. Nach ein paar Tagen färbt sich das Öl schon rötlich, darum auch der Name „Rotöl". Nach 4-6 Wochen filtert man das Öl durch einen Kaffeefilter und füllt es in kleine Flaschen ab.

Dörrzwetschken

Die Dörrzwetschke ist eines der ältesten Hausmittel, ein sanftes Abführmittel, auch bei empfindlichem Darm. Die getrockneten Zwetschken haben mehr Ballaststoffe, Eisen und Kupfer als frische Zwetschken und sind deshalb bei Verstopfung besser als ungedörrte Früchte. Unterstützend bei Verstopfung helfen Kartoffelwickel, Bauchmassagen im Uhrzeigersinn, viel Bewegung und viel trinken. Dörrzwetschken kann man ab einem Alter von 10 Monaten verzehren.

Anwendung

Bei Verstopfung

Zwetschken entkernen und auf einem Backblech mit Backpapier verteilen. Ca. 6 Stunden lang mit Heißluft bei 70 Grad Celsius und einem geöffneten Spalt trocknen, damit die Feuchtigkeit entweichen kann (z.B. Kochlöffel einklemmen). Nach dem Abkühlen können die Früchte in Gläsern verschlossen aufbewahrt werden. Man kann die Zwetschken auch auf einem Kachelofen lufttrocknen lassen. Es dauert zwar länger, ist aber energiesparender.

TIPP: Um die abführende Wirkung zu erhöhen, werden die Dörrzwetschken über Nacht in Wasser eingeweicht. Auf nüchternen Magen essen, dazu das Einweichwasser trinken.

Gänseblümchenbad & Gänseblümchentee

Das Gänseblümchen ist das Kraut der Kinder. Seine Volksnamen sind Maßliebchen, Tausendschön, Gänseliesel und Himmelsblume. Einen besonderen Vorteil hat das Gänseblümchen für uns, weil man es fast das ganze Jahr über frisch ernten kann.

Anwendung

Gänseblümchenbad

Bei Hauterkrankungen und Milchschorf

15g frisches Gänseblümchenkraut
1l Wasser

Kraut mit heißem Wasser übergießen und 10 Minuten lang zugedeckt ziehen lassen, danach ins Badewasser abseihen.
Bei Hauterkrankungen, Milchschorf, Ekzeme und Neurodermitis wirkt es schmerzstillend und beruhigend.

Gänseblümchentee

Bei Appetitlosigkeit, Verdauungsstörungen, Verstopfungen und zur allgemeinen Stärkung

2 TL frische Gänseblümchenblüten und -blätter
250ml Wasser

Kräuter mit heißem Wasser übergießen und zugedeckt 10 Minuten lang ziehen lassen, dann abseihen.

Fichtenwipferlsirup

Die Fichte ist der älteste Baum der Welt. Früher nannte man den Nadelbaum auch den „Brotbaum der Bauern“. Durch den hohen Vitamin C Gehalt können die jungen Triebspitzen als Tee, Sirup, in Suppen, Salaten und als Badezusatz verwendet werden.

Anwendung

Löffelweise bei Grippe, Erkältung, Husten, Bronchitis, Entzündungen im Hals oder täglich auf das Butterbrot zur Immunstärkung

6 Teile frische Fichtenspitzen
6 Teile Bio-Zucker
1 weithalsiges Schraubglas

Die jungen Triebspitzen werden im Mai gesammelt, klein gehackt und schichtweise mit dem Zucker in ein Glas gefüllt. Die letzte Schicht sollte mit Zucker gut abgedeckt werden. Den Sirup lässt man dann ein paar Monate lang am Fensterbrett stehen, bis eine honigähnliche Masse entsteht. Der Zucker entzieht den Triebspitzen den Saft und die Inhaltstoffe. Danach abseihen und in Schraubgläser füllen.

Tipp: Beim Sammeln der Wipferl ist mit Achtsamkeit vorzugehen. Nur wenige Triebspitzen pro Seitenast dürfen geerntet werden, keinesfalls aber von der oberen Hälfte des Baumes, das könnte ihn am Weiterwachsen hindern.

Pechsalbe

Das Pech (Harz) wird von Bäumen gesammelt. Verwendet wird nur das oberflächlich ausgetretene Harz. Die Pechsalbe durfte früher in keinem Haushalt fehlen und kam bei Mensch und Tier zum Einsatz. Für die Waldarbeiter war es selbstverständlich, das Harz bei allen Verletzungen zum Wundverschluss gleich pur aufzutragen. Auch als Zugsalbe wurde und wird die Pechsalbe sehr geschätzt. Gesammelt wird das Harz am besten im Sommer.

Anwendung

Bei Abschürfungen, Herpes, kleinen Wunden, als Wund-, Heil- und Zugsalbe

80g Bio-Olivenöl
30g Fichtenharz
20g Bio-Bienenwachs
Alter, nicht beschädigter Emailtopf

Fichtenharz lässt man in Olivenöl ganz langsam ausziehen. Über Nacht den Topf zur Seite stellen und am nächsten Tag wieder erwärmen und fertig ausziehen lassen.
Danach das Harz-Öl-Gemisch durch ein Stofftuch abseihen, dann gibt man das Bienenwachs dazu. Wenn es eine gute Konsistenz hat, füllt man es in kleine Glastiegel ab.

Kokosöl

Das Kokosöl wird aus dem frischen Fruchtfleisch der Kokosnuss gewonnen. Gute Qualität erkennt man am typischen Kokosnussduft. Pur auf die Lippen oder auf die Haut aufgetragen schützt es, pflegt, kühlt und spendet Feuchtigkeit. Kokosöl ist das beste Hausmittel gegen Zecken und andere Blutsauger. Dafür verwendet man hochwertiges, naturbelassenes Bio-Kokosöl. Für den Schutz verantwortlich ist die darin enthaltene Laurinsäure. Bei Kopflausbefall wird das Öl direkt ins Haar und am Haaransatz einmassiert und lässt es einige Zeit wirken. Durch den Fettfilm des Öls ersticken die Läuse.

Anwendung

Zum Zecken- und Stechmückenschutz, bei Windelausschlag, Neurodermitis, Pilzerkrankungen und Läusen

50g naturbelassenes Bio-Kokosöl
Evt. 3 Tropfen ätherisches Citronellaöl
(für größere Kinder)

Man lässt das Kokosöl (=Kokosfett) im Wasserbad schmelzen, gibt es von der Platte weg und mengt das ätherische Öl unter ständigem Rühren bei. Abgefüllt in kleine Tiegel, hat man diese Salbe immer griffbereit.

Für stillende Mütter: Etwas Kokosöl auf die Brustwarze geben, so kann das Baby das Kokosöl innerlich aufnehmen. Gleichzeitig beugt es Brustentzündungen der Mutter vor.

Räuchern mit Wacholder

Wacholder zählt zu den ältesten Räucherpflanzen überhaupt. Die wohltuende, desinfizierende und konservierende Wirkung des Wacholderrauchs ist schon sehr lange bekannt.
Krankenhäuser wurden mit desinfizierendem Wacholderrauch ausgeräuchert. In der dunklen Jahreszeit, in der die Nächte lang und die Tage kurz waren, Mensch und Tier auf engsten Raum zusammenlebten, war die Angst vor Krankheiten groß. Dank des Wacholderrauchs konnten sich die Menschen jedoch gut schützen.

Anwendung

Wirkung: desinfizierend, keimtötend

Wacholderspitzen
(Achtung! Verwechslungsgefahr mit dem stark giftigen Sadebaum)
Räucherkohle oder Glut
Räucherschale oder feuerfestes Gefäß

Räucherkohle anzünden und in eine Räucherschale legen. Wenn sich die Kohle grau färbt, den Wacholder darauf streuen. Verkohlte Kräuter mit einem Messer von der Kohle streichen und den Vorgang wiederholen.

So empfiehlt es sich heute noch, wenn man ständig krank ist, die Wohnung oder das Krankenzimmer mit Wacholder zu räuchern. Danach lüften. Schreibabys hielt man früher über den Wacholderrauch, um sie zu beruhigen.

Babybäuchleintee

Welches Baby leidet in den ersten Monaten nicht an Blähungen? So kommt es auch bald zum Genuss der ersten Heilkräutertees. Fenchel wirkt nicht nur krampflösend, sondern lässt Kinder auch entspannt schlafen. Der Fencheltee kann allein oder kombiniert mit anderen Kräutern getrunken werden. Auch die Kamille und das Gänsefingerkraut haben krampflösende Eigenschaften und eine leicht beruhigende Wirkung auf den Magen-Darm-Bereich.

Anwendung

Bei Blähungen, schmerzstillend, sorgt für guten, entspannten Schlaf

30g Fenchelsamen
20g Gänsefingerkraut
20g Kamillenblüten

Fenchelsamen kurz vor dem Anrichten im Mörser zerstoßen. 1 TL mit 150ml heißem Wasser übergießen und 10 Minuten lang zugedeckt ziehen lassen, abseihen und 1- 2 Tassen trinken.
Babys 50 – 150ml zwischen den Mahlzeiten trinken lassen.

Trinkt die Mutter den Tee, so wird auch zusätzlich die Milchbildung angeregt, eventuell ein paar Tropfen für das Baby vor dem Stillen auf die Brustwarze geben.

Fröstitee

Der Holunder wurde immer schon als Apotheke der Bauern bezeichnet. Früher wurde das erste Badewasser eines Neugeborenen zum Holunderstrauch geschüttet, damit das Kind gesund blieb. Die Linde war einst der Kommunikationsbaum und wurde mitten auf dem Dorfplatz gepflanzt, dem Treffpunkt, wo gefeiert, geheiratet, aber auch Gericht gehalten wurde. Lindenblüten sagt man eine nervenstärkende und beruhigende Wirkung nach, sie lösen Ängste, darum ließ es sich unterm Lindenbaum angeblich gut verhandeln. Lindenblütenbäder empfahl man bei Einschlafschwierigkeiten. Der Fröstitee wirkt antiviral.

Anwendung

Bei grippalen Infekten, Fieber, Schweiß und Erkältungskrankheiten

10g Holunderblüten (getrocknet)
8g Lindenblüten (getrocknet)
5g Rosenblüten (heimische Wildrosen bzw. Damaszener-Rose, getrocknet)

1 TL Kräuter mit heißem Wasser übergießen und zudeckt 5-10 Minuten lang ziehen lassen. Eine Tasse Tee trinken und gut zugedeckt im Bett ruhen. Zum Süßen kann man Honig oder Holunderbeerensaft verwenden.

Wadenwickel – Essigpatscherl

Fieber ist eine gesunde Reaktion des Körpers und zeigt an, dass sich der Körper mit Viren oder Bakterien auseinandersetzt. Babys und Kleinkindern sollte man erst ab 39 Grad Fieber einen fiebersenkenden Wickel machen, wenn das Kind vorher noch nie einen Fieberkrampf hatte. Essigpatscherl sind für Babys ab 6 Monaten geeignet.

Anwendung

Bei Fieber

Handwarmes Wasser mit einem Schuss Obstessig
2 Baumwolltücher (oder Stofftaschentücher)
2 Handtücher

Man nimmt eine Schüssel mit handwarmen Wasser (nicht über 30 Grad Celsius) und gibt einen Schuss Obstessig dazu. Die Baumwolltücher werden in das Wasser getaucht, ausgedrückt und um beide Unterschenkel gewickelt. Danach wickelt man je ein Handtuch darüber und zieht dem Kind ein Paar trockene Socken an. Zugedeckt wir das Kind nur bis zu den Knien, denn die Wärme muss verdampfen können. Bei Kindern soll man den Wickel nicht länger als 8-10 Minuten lang anwenden. Bei Bedarf kann man den Vorgang nach einer Stunde wiederholen. Die Körpertemperatur darf nur um 0,5 bis 1 Grad Celsius sinken. KEIN Plastik als Bettschutz verwenden, um einen Hitzestau zu vermeiden.

WICHTIG! Bei kalten Händen oder Füßen dürfen prinzipiell keine Wadenwickel angewandt werden.

Hühnersuppe

Die Hühnersuppe ist eine altbewährte Kinder- und Krankenkost, aber auch zur Vorbeugung von Erkältungskrankheiten in der nasskalten Zeit geeignet. Man sagt auch, dass eine Hühnersuppe die Lebensgeister weckt. Vorzugsweise nimmt man ein älteres Huhn, das ergibt einen besonders guten Geschmack.

Anwendung

Bei Erkältungen (immunstärkend und kräftigend)

1 ganzes Bio-Huhn
1 Bund Suppengemüse
3 Karotten
1/2 Stange Porree
2 Zwiebeln
3 Wacholderbeeren
frische Suppenkräuter (Petersilie, Liebstöckl/Maggikraut, Giersch, Schnittlauch)
Wasser
Salz

Huhn unter fließendem Wasser waschen, Suppengemüse putzen und waschen. Wacholderbeeren andrücken.
Alle Zutaten kalt zustellen, langsam weichkochen mindestens 90 Minuten lang, nicht köcheln lassen. Danach abseihen, das Fleisch von den Knochen lösen, Haut entfernen, kleinschneiden und das Fleisch wieder in die Suppe geben. Mit Salz abschmecken.

Traumkissen

Unsere Vorfahren wussten um die Wirkung der Bettstrohkräuter, Liebfrauenstroh oder Kindsbettkraut. Das sind Kräuter, die sie ins Polster oder unters Leintuch bei und nach der Geburt gelegt hatten, zur Entspannung und auch wegen ihrer antibakteriellen Wirkung. Schafwolle kombiniert mit Kräutern tut den Kindern unsagbar gut. Eine beruhigende und schlaffördernde Wirkung haben Kräuter wie Melisse, Hopfen, Kamille, Lavendel und Rosenblüten.

Anwendung

Schafwolle
Baumwollstoff ca. 20 x 30 cm
Melisse, Hopfen, Lavendel, Kamille und Rosenblüten

Stoff waschen und einen Polster daraus nähen. Mit getrockneten Kräutern und Schafwolle füllen. Je nach Belieben können die Kräuter einzeln oder gemischt verwendet werden.
Das Kind auf dem Polster schlafen lassen.

Tipp Kamillenkissen: Bei Erkältungen, Kiefer- und Stirnhöhlenentzündungen, Mumps, Ohren-, Zahn- und Bauchschmerzen sowie während des Zahnens.

Wie oben, jedoch nur mit Kamille mit oder ohne Schafwolle.
Um eine intensivere Wirkung zu erzielen, kann das Kamillenkissen zwischen zwei Wärmflaschen erwärmt werden.

Gänsefingerkraut – Krampfmilch

Das Gänsefingerkraut besitzt eine große Heilkraft. Im Volksmund wird es auch Krampfkraut genannt, weil es bei allen möglichen Krämpfen sanft hilft. Es ist auch für Säuglinge bei Darmkoliken, Bauchschmerzen und krampfartigem Husten geeignet. Bevorzugt zieht man das Gänsefingerkraut in Milch aus, da mehr krampflösenden Inhaltsstoffe aus dem Kraut gezogen werden können als beim Wasser. Das ist schon eine uralte Praktik. Es wächst an Wegrändern und auf schweren, nährstoffreichen Böden. Geerntet wird das Kraut zwischen April und Oktober.

Anwendung

Bei Krämpfen, Darmkoliken, Bauchschmerzen, krampfartigem Husten

3 TL Gänsefingerkraut (getrocknet)
250 ml Wasser oder Milch

Kraut in Wasser oder Milch ca. 5 Minuten aufkochen und ziehen lassen. Danach abseihen und 1 TL Sud ins Babyfläschchen geben. Wer keine Kuhmilch mag, kann Ziegen- oder Sojamilch nehmen.

Tipp: Das vom Abseihen übrig gebliebene Gänsefingerkraut, können Sie zusätzlich in ein Stofftaschentuch einschlagen und auf den Bauch (oder wo der Schmerz ist) als Auflage geben.

Damit es Ihrem Schatz gut geht ...

Zwei Dinge sollen Kinder von ihren Eltern bekommen: Wurzeln und Flügel.
(Johann Wolfgang von Goethe)

Spielen in der Natur
Um einem Vitamin-D-Mangel vorzubeugen, soll man mit seinen Kindern täglich mindestens 20 Minuten lang ins Tageslicht gehen. Spielen in der freien Natur regt den Stoffwechsel an, hebt die Stimmung und macht einfach Spaß. Ein Waldspaziergang ist zu jeder Jahreszeit ein Erlebnis. Der Fichtenwald ist im Sommer kühl, im Winter warm. Im Laub zu spielen oder durch die raschelnden Blätter zu laufen, stärkt die Abwehrkräfte, die Lunge und die Bronchien.

Barfuß die Welt entdecken

Barfuß gehen ist eine natürliche Fußreflexzonenmassage. Tautreten und Schneelaufen stärkt die Abwehrkräfte. Es ist darauf zu achten, dass die Füße beim Schneelaufen warm sind und man sie langsam daran gewöhnt. Danach gut abtrocknen und in warme Socken schlüpfen. Daraus kann man auch ein lustiges Spiel machen.

Gerüche

Der Geruchsinn ist der erste Sinn beim Fötus, der entwickelt wird, darum ist es mir ein großes Anliegen, die Kinder nicht mit künstlichen Düften, wie sie in Waschmitteln und Duftkerzen zu finden sind, zu überfordern. Neue Wäsche soll vor dem ersten Tragen unbedingt gewaschen werden, da sie viele Giftstoffe enthalten kann. Verzichten Sie doch auf Weichspüler, diese könnten Ausschläge auslösen. In einem Kinderzimmer aus unbehandeltem Holz wird sich Ihr Kind wohlfühlen. Greifen Sie auch zu Waschlappen anstelle von Feuchttüchern, so wird Pilzen und Ausschlägen vorgebeugt.

Einsatzgebiete von A bis Z

Allgemein stärkend (Thymianbad, Gänseblümchen)

Ängste (Traumkissen)

Bauchweh
(Babybäuchleintee, Gänsefingerkraut, Kamille, Kirschkernkissen)

Blähungen (Majoransalbe, Babybäuchleintee)

Bronchitis
(Schafwolle, Fichtenwipferlsirup, Zwiebelwickel)

Candida-Pilze (Bienenhonig, Kokosöl)

Dreimonatskoliken (Babybäuchleintee, Gänsefingerkraut, Johanniskrautöl, Kamille, Kirschkernkissen)

Durchfall (Apfel, Gänsefingerkraut, Kartoffelwickel, Schwarzer Johannisbeerensaft)

Desinfektion (Wacholder)

Eisenmangel (Apfel)

Erkältung
(Fröstitee, Thymianbad, Fichtenwipferlsirup, Zwiebelwickel, Schwarzer Johannisbeerensaft)

Fieber (Wadenwickel, Fröstitee)

Halsweh (Zwiebelwickel, Kartoffelwickel, Schafwolle)

Hand-, Fuß-, Mund-Krankheit (Bienenhonig, Kamille)

Harnwegsinfekt (Kamille)

Husten
(Bienenhonig, Kartoffelbrustwickel, Thymianbad, Majoransalbe, Fichtenwipferlsirup)

Immunstärkend
(Hühnersuppe, Schwarzer Johannisbeersaft)

Insektenstiche (Ampfer, Kokosöl, Gänseblümchen)

Juckreiz (Ampfer, Bienenhonig, Thymianbad, Kokosöl)

Keimtötend (Wacholder)

Keuch- oder Krupphusten
(Kamille, Thymianbad, Schwarzer Johannisbeerensaft)

Milchschorf (Ringelblumenöl, Gänseblümchen)

Mittelohrentzündung (Schafwolle, Zwiebelwickel)

Neurodermitis (Gänseblümchen, Kokosöl)

Ohrenschmerzen (Schafwolle, Zwiebelwickel)

Pilzinfektionen (Bienenhonig, Kamille, Kokosöl)

Schlafstörungen (Kamille, Traumkissen)

Schnupfen (Majoransalbe, Thymianbad)

Sonnenbrand (Ampfer)

Steckmückenschutz (Kokosöl)

Verdauungsstörungen (Gänseblümchen)

Verstopfung
(Bienenhonig, Dörrzwetschke, Gänseblümchen)

Warzen (Ringelblumenöl)

Windeldermatitis (Kamillentee, Kokosöl, Schafwolle)

Wundbehandlung (Bienenhonig, Pechsalbe)

Zahnen (Kamille, Schafwolle)

Zahnschmerzen (Kamille, Schafwolle)

Zeckenschutz (Kokosöl)

Ein weiteres Buch
von Claudia Dirnberger:

Räuchern mit den
Schätzen der Natur

Dort-Hagenhausen-Verlag,
2015

@Foto: Claudia Dirnberger

Eigene Rezepte

Eigene Rezepte

Eigene Rezepte

Eigene Rezepte

Eigene Rezepte

Eigene Rezepte

Eigene Rezepte

Eigene Rezepte

Impressum:

1. Auflage: 2015, Servus bei Benevento Publishing, Salzburg

ISBN 978-3-200-07343-2

Überarbeitete Neuauflage: 2020

Herausgeber: Claudia Dirnberger

Lektorat: Mag. Anke Eder

Druck: Druckerei Janetschek GmbH, 3860 Heidenreichstein